科柯什卡介绍

顾丞峰

表现主义在西方绘画史上是一个经时历久的话题，严格地说它自凡·高之后成为一种风格取向，表现主义的第一次高潮应当从本世纪初德国的表现主义潮流开始。后又经历"抽象表现主义"和"新表现主义"的阶段，至今香火不绝。科柯什卡（Oskar Kokoschka）1886年出生于与德国有密切联系的奥地利，曾在维也那艺术学校学习。当时维也那受东方艺术的影响，流行着一种新颖的装饰画风。英国的比亚兹莱和奥地利的克里姆特在当时很受推崇，科柯什卡也深受二者的影响，其早期作品如《梦中儿童》（1908）运用了弗洛伊德的心理分析手法，这在当时是一种前卫的体现。

1910年是他作品变化的重要一年，他开始接触前卫画派"狂飙"群体，他的肖像作品出现了表现主义倾向。如作于1914年的《风暴》和为其恋人阿尔玛·玛勒所绘的一些肖像。他所注重的已不是隐喻而是炽烈情感的呈示，较为著名的还有《风中的新娘》（1913）。这时期他的作品多以形的变异和用笔的狂放为特征。在第一次世界大战中他应征入伍并受了重伤，所以又一段时间他几乎什么也没有画。

使科柯什卡的色彩明亮起来的原因是他在1920年前后与德国表现主义艺术家诺尔德（Emil Nolde）的结交。他开始用较多的原色作画，使色彩能够在斑驳陆离中震撼人心。1924年起，他又去了法国、英国，开始对印象派的色彩着迷，这个时期他创作了大量室外光线的作品，如伦敦泰晤士河风景等。

科柯什卡1933年回到已笼罩在纳粹阴影的维也那后，他的作品被纳粹宣布为颓废艺术，作品被禁止公开流传。于是他只好于1934年离开维也那而去了布拉格，在那里他只能又恢复了先前的隐喻象征色彩。1935年再赴伦敦时，他又画了大批风格强烈甚至具有漫画性的讽喻政治的作品，如《我们为谁而战》（1943）、《艾丽丝在沃特兰》（1942）。

从1953年起，他基本上没离开瑞士直至1980年去世。在其后期作品中体现出一定程度的抽象倾向，但他始终不脱离用色、形的变异和夸张来表现内心强烈情感的基本倾向，而且他也始终没有放弃造型，这使得他成为了本世纪以来一位长寿而且具有一贯风格的表现主义大师。

作品目录

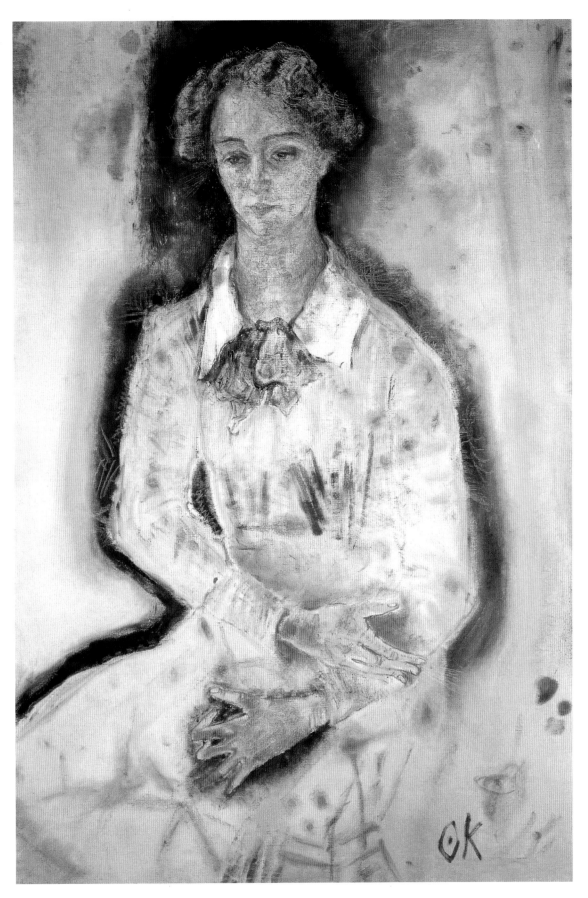

洛特尔·弗兰措斯　1909

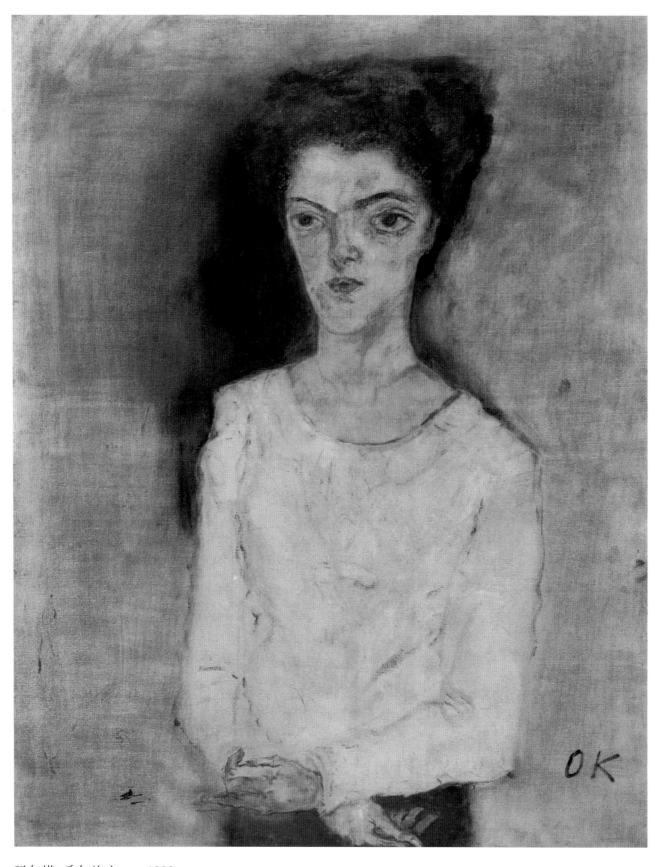

玛尔塔·希尔施之一　1909

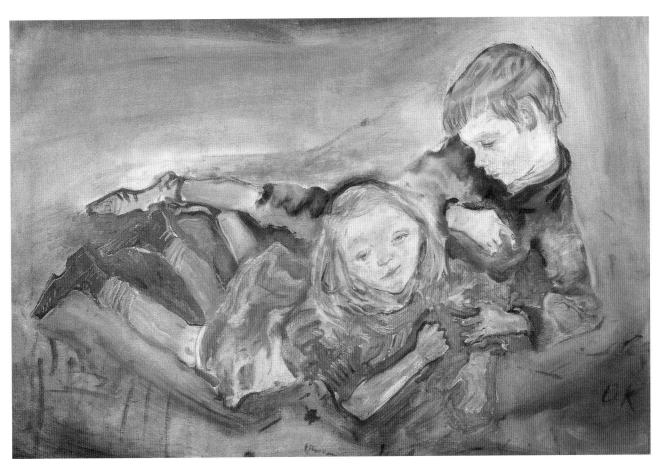

玩耍的孩子们　1909

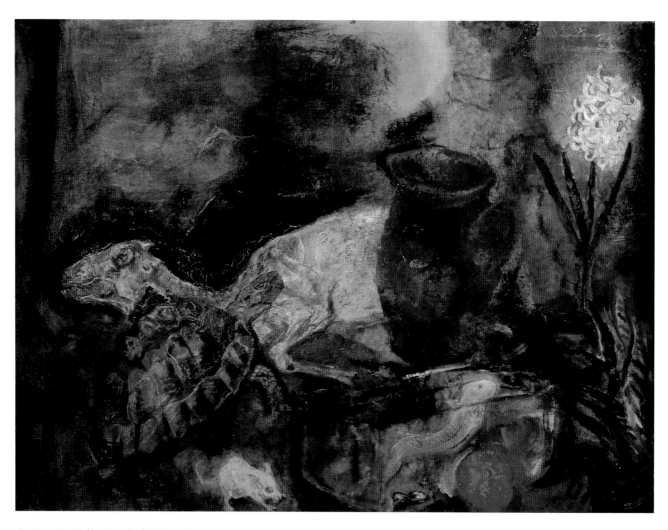

有天空和风信子的静物画　1910

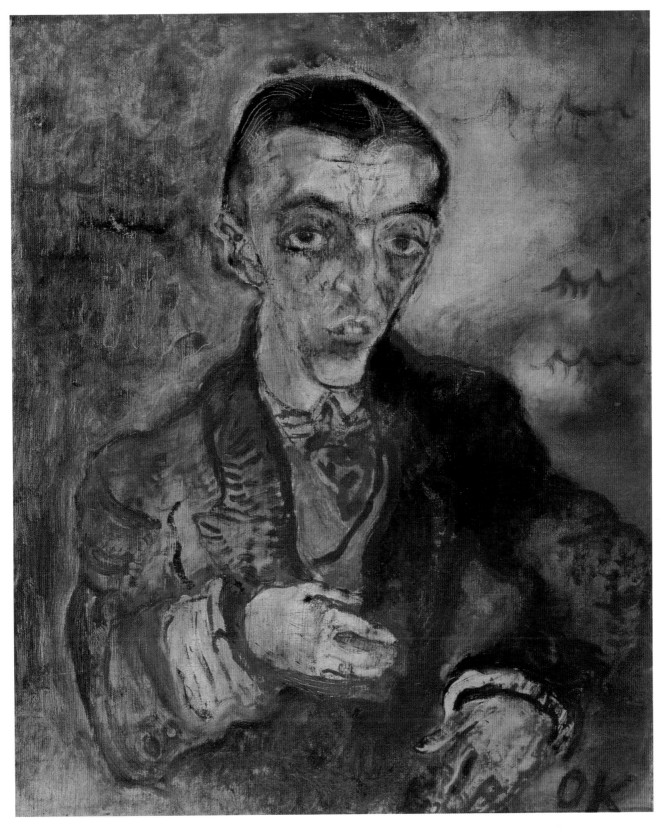

孔泰·韦罗纳　1910

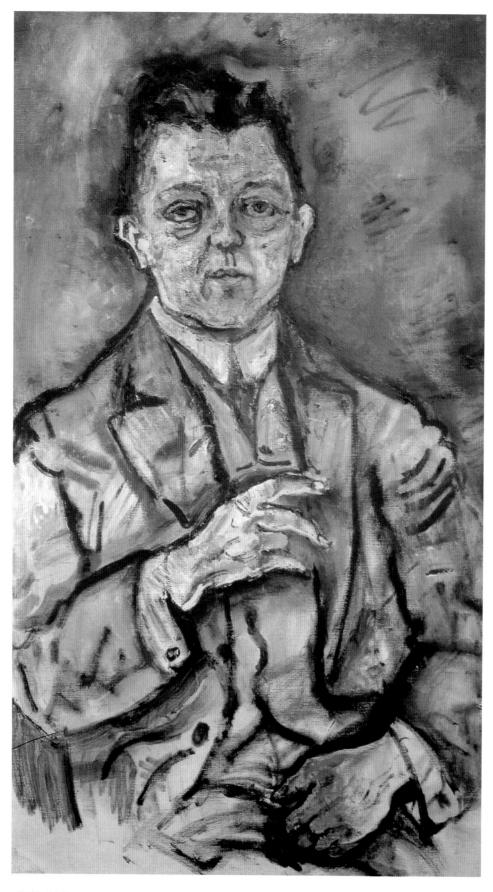

威廉·沃尔　1910

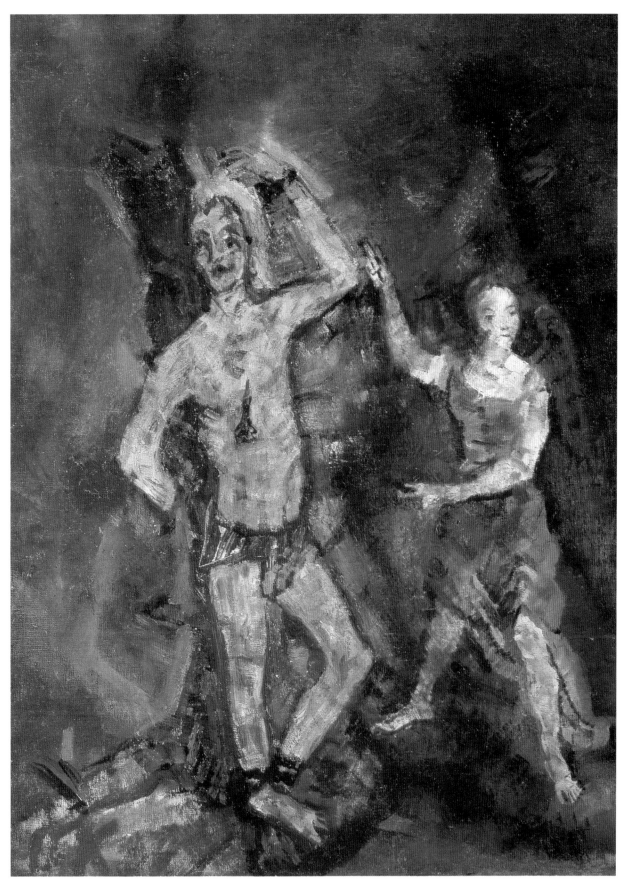

圣徒塞巴斯蒂安和天使　1911

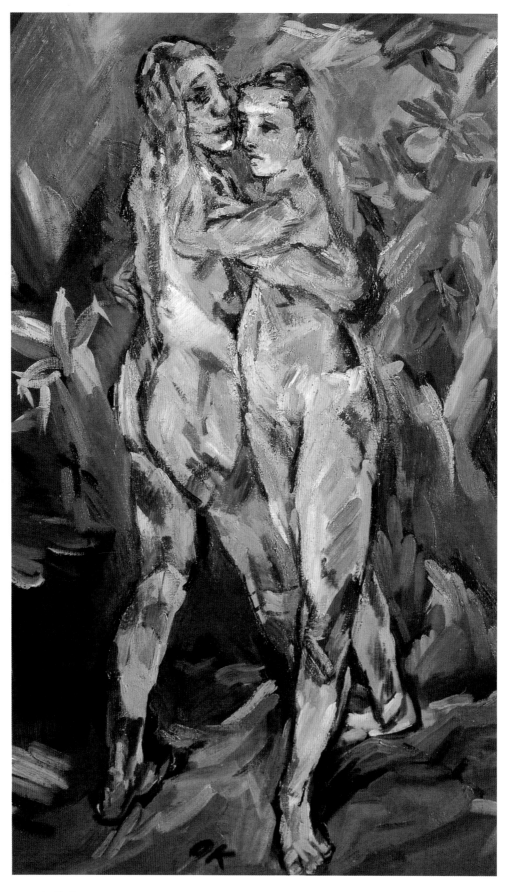

双人裸体像：情侣　1913

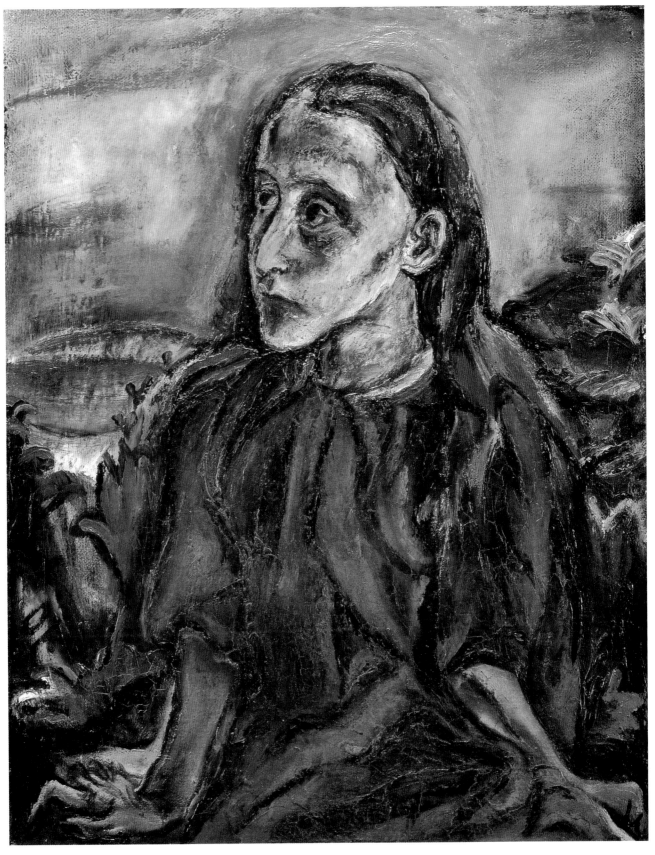

少女肖像　1913

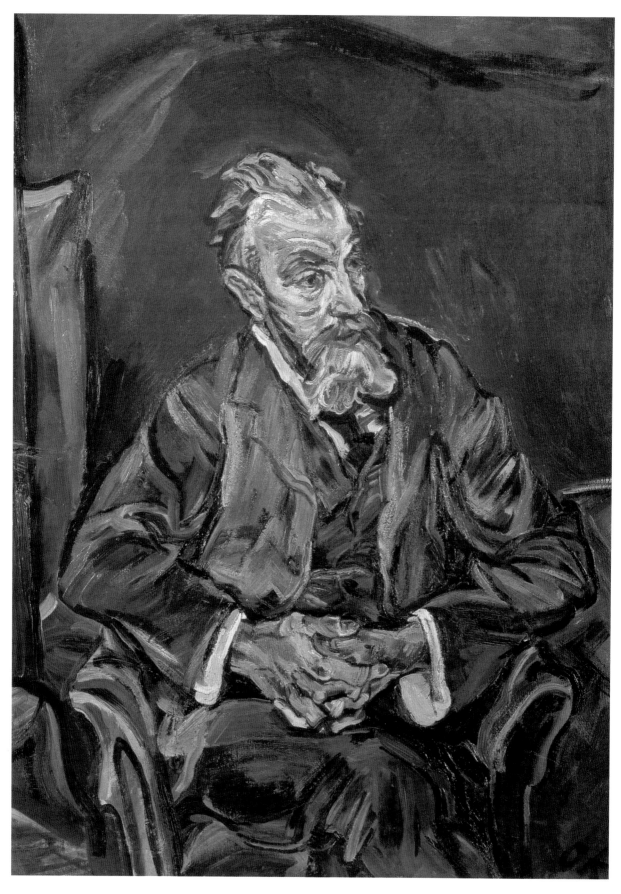

卡尔·莫尔　1913

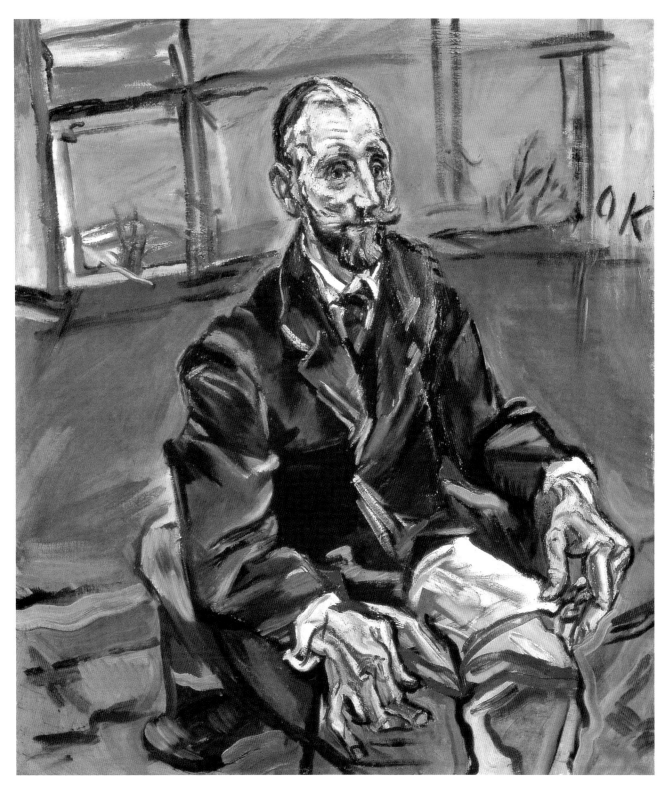

弗兰茨·豪尔　1913

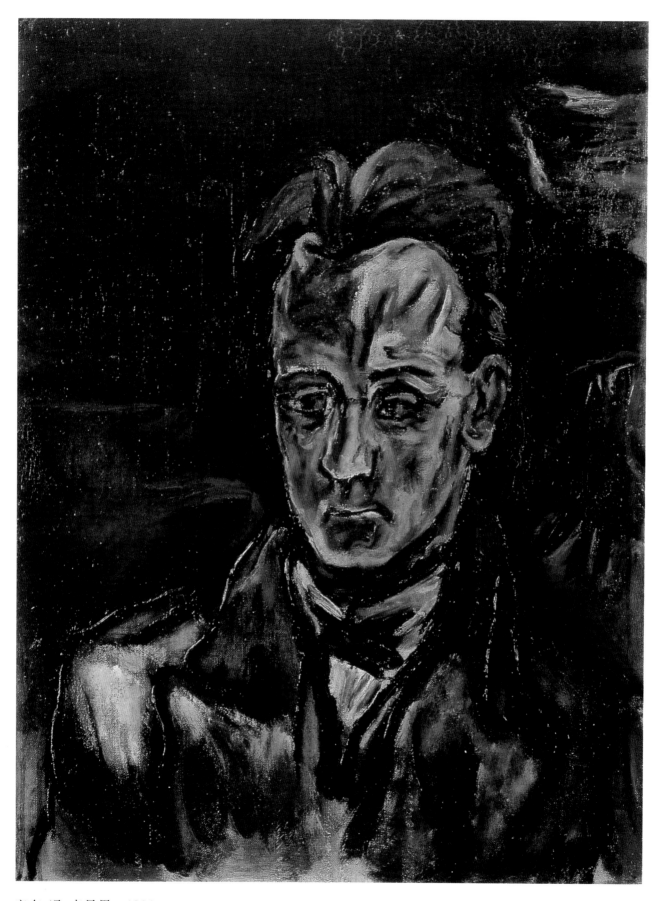

安东·冯·韦贝恩　1914

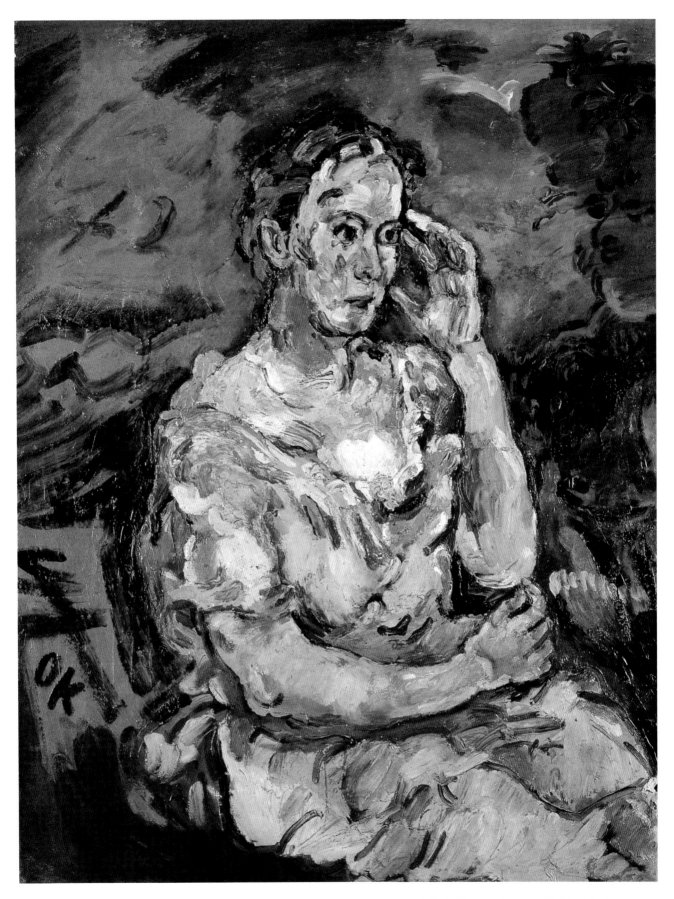

梅希蒂尔德·利西诺维斯基侯爵夫人　1916

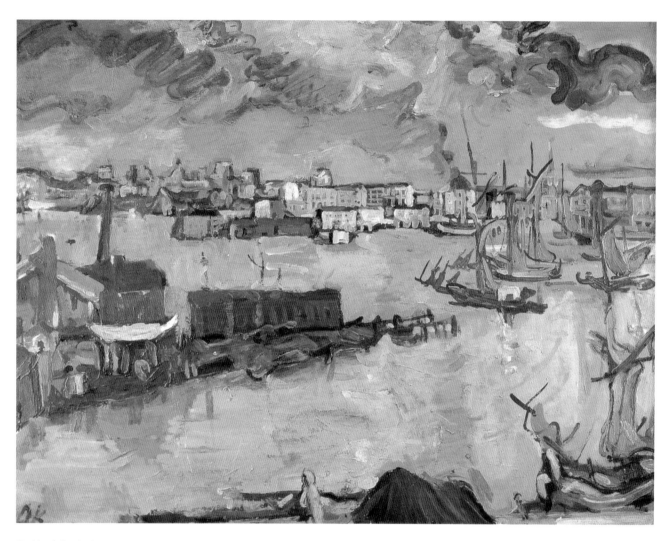

斯德歌尔摩港　1917

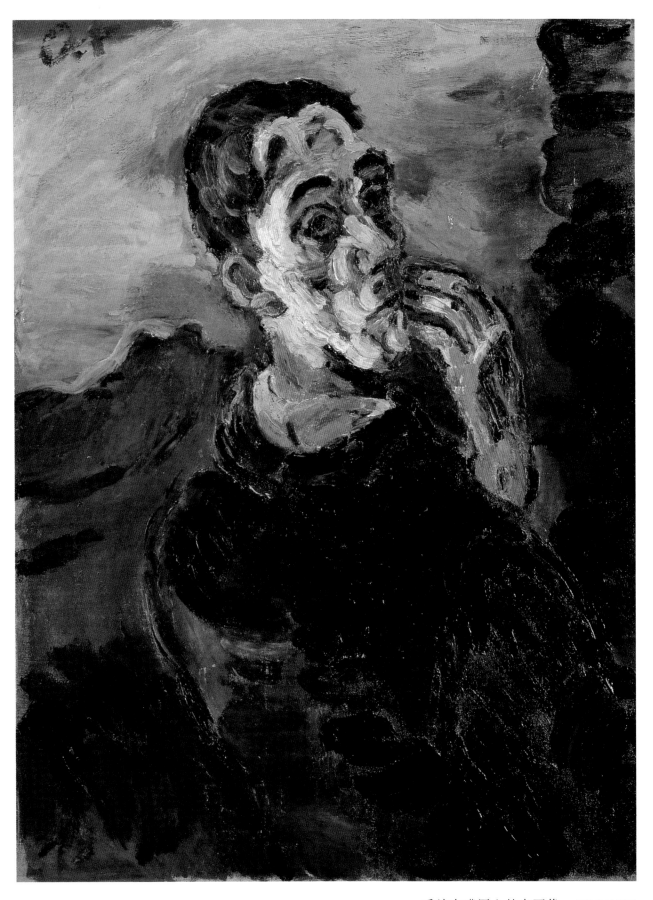

手放在嘴唇上的自画像　1918/1919

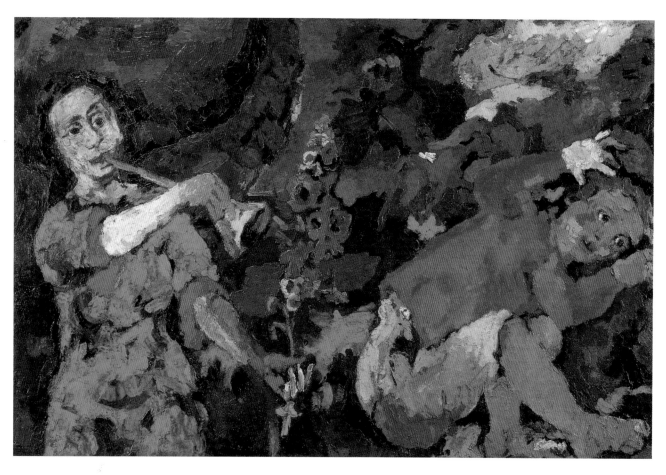

奏乐　1920

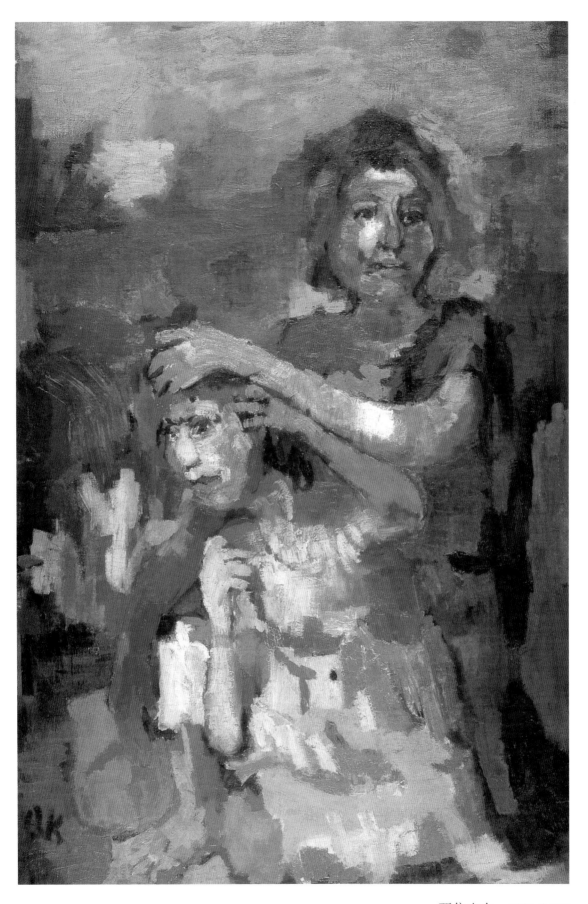

两位少女　1921/1922

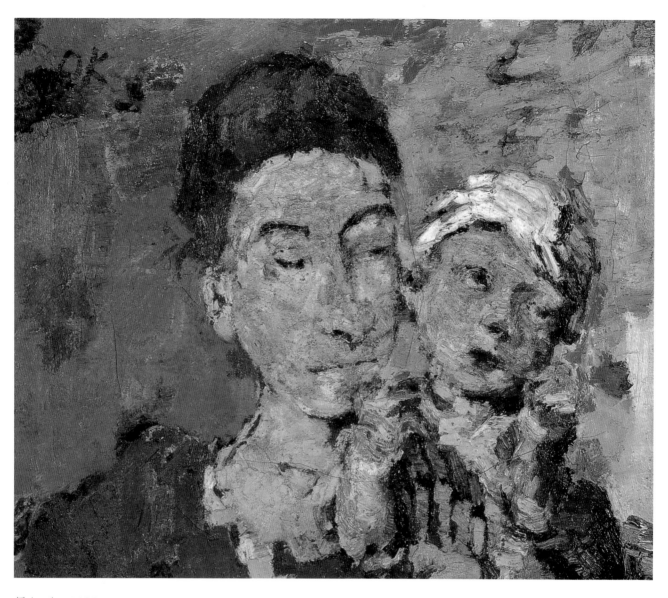

母与子　1921

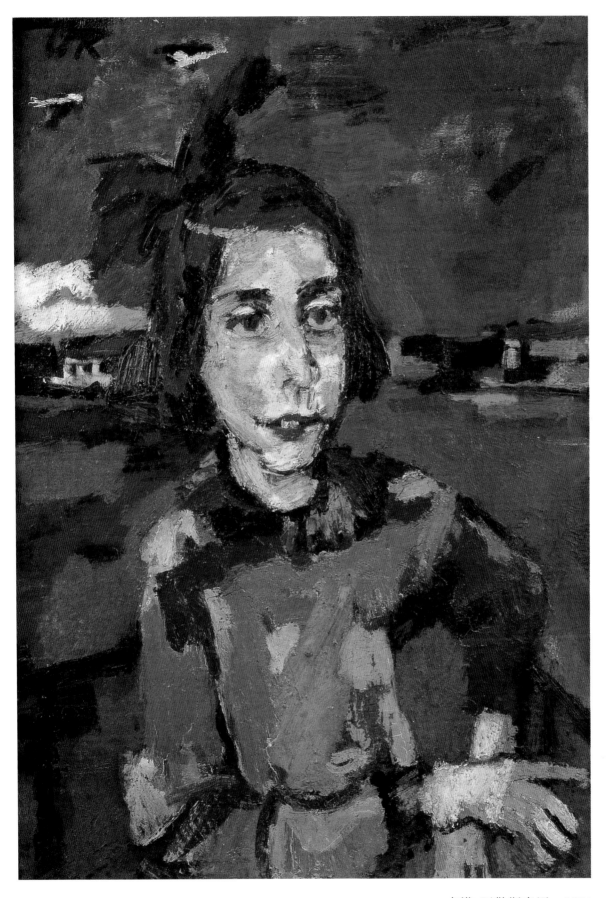

吉塔·瓦勒斯泰因　1921

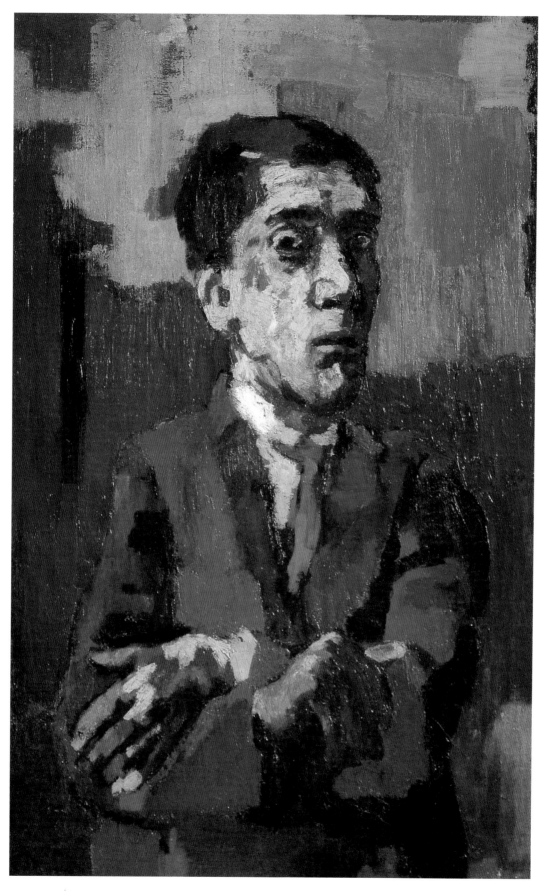

手臂交叉着的自画像　1923

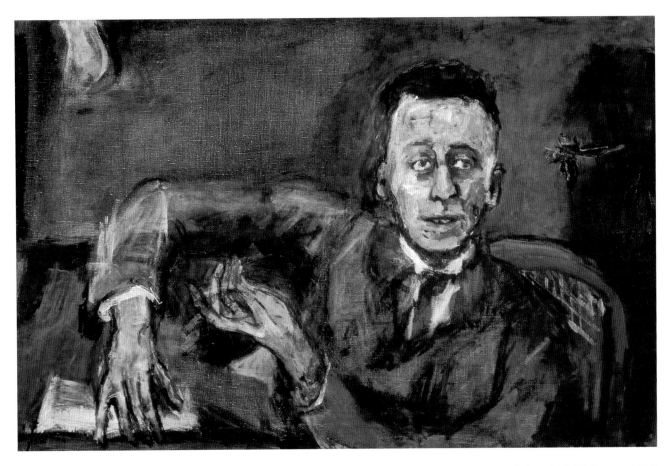

卡尔·克劳斯之二　　1925

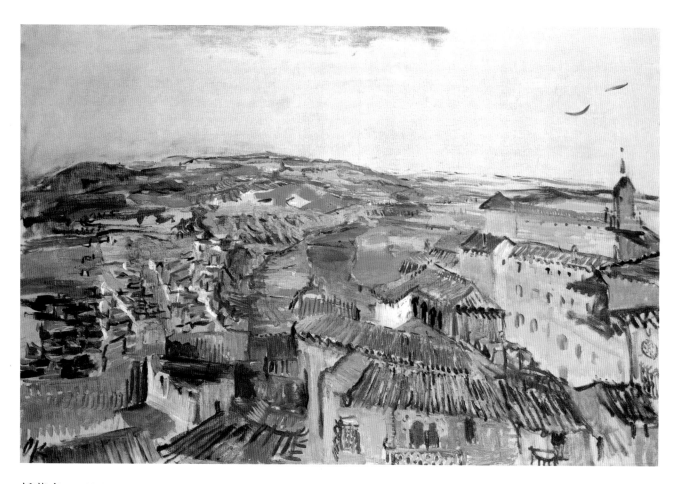

托莱多　1925

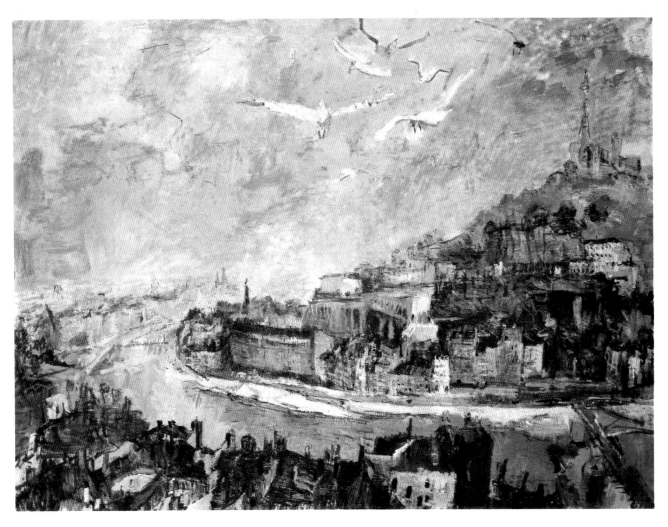

里昂　1927

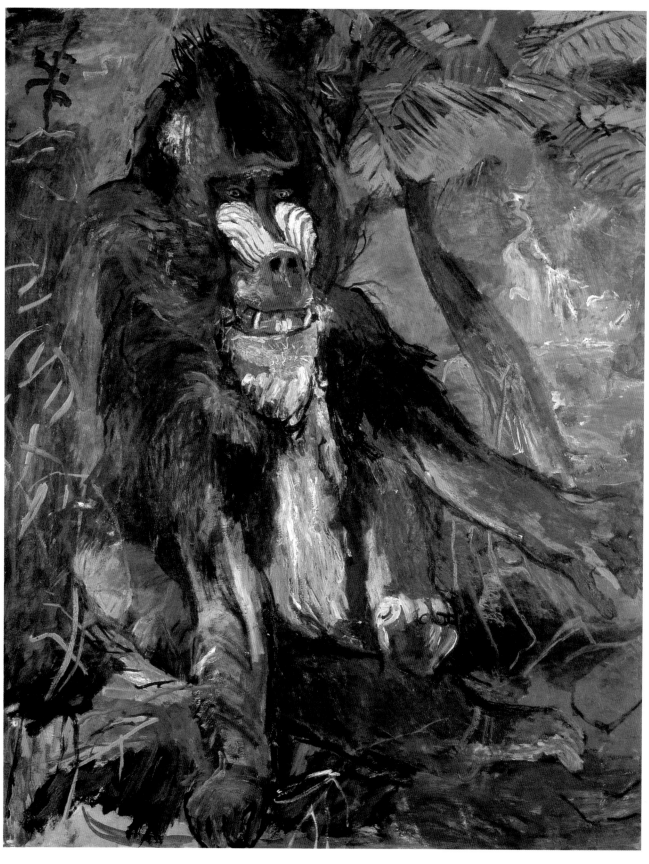

山魃　1926

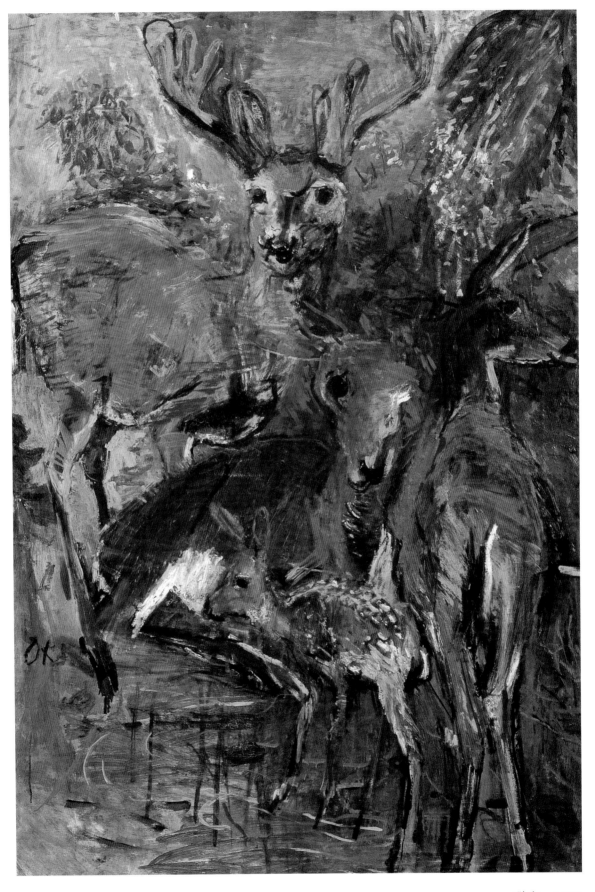

群鹿　1926

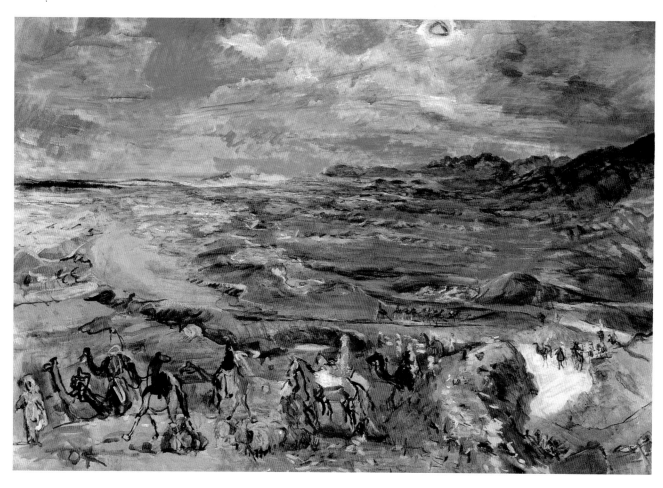

走出埃及　1928

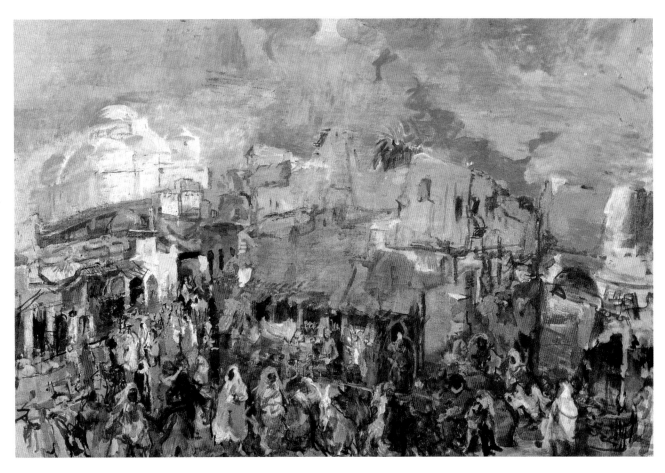

突尼斯的市场　1928

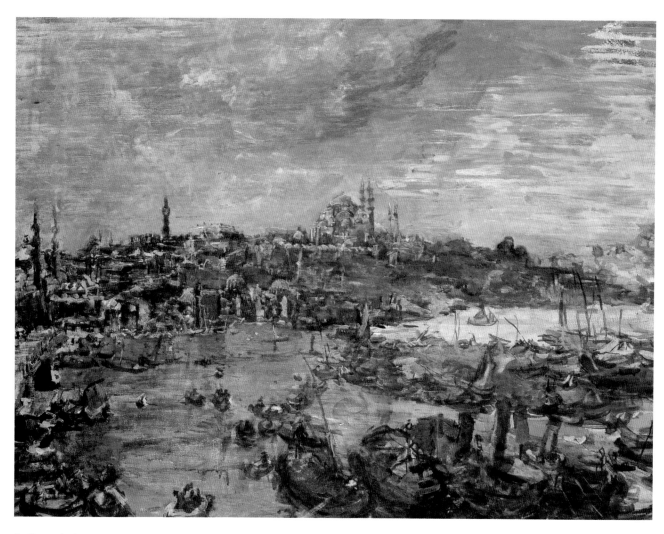

伊斯坦布尔　1929

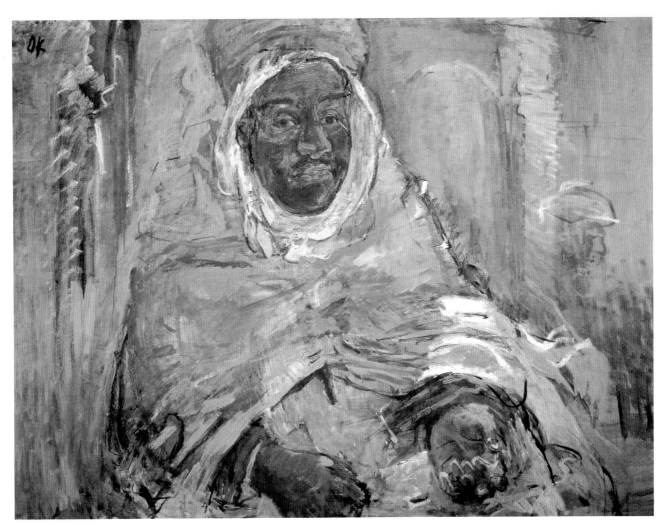

泰马辛的伊斯兰教教徒　1928

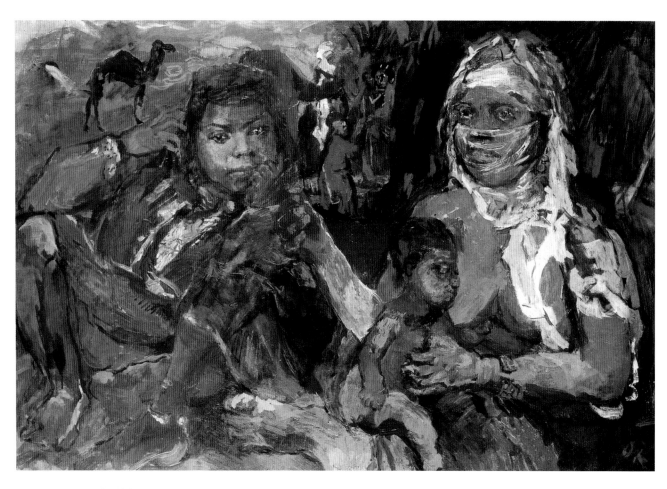

带着孩子的阿拉伯妇女　1929

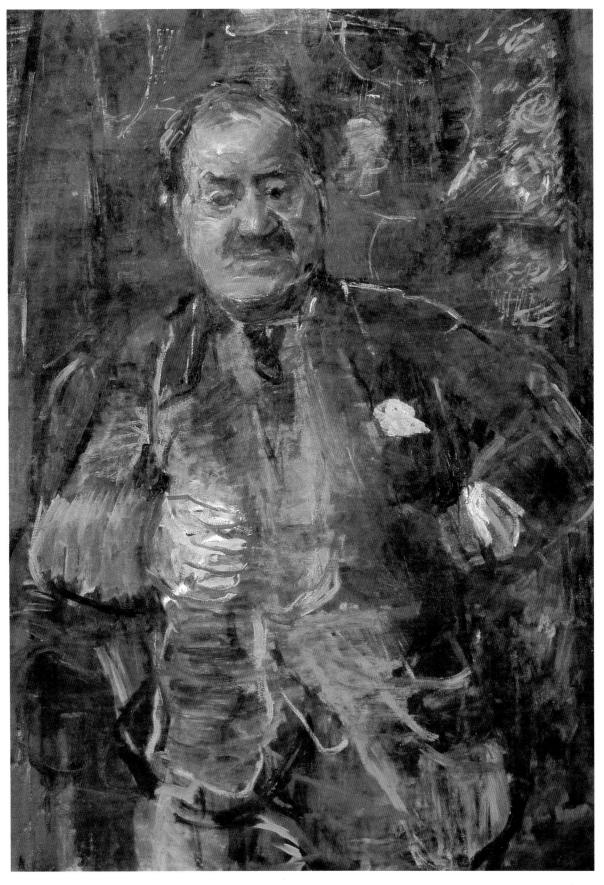

马克蔡尔·冯·内梅什　1928

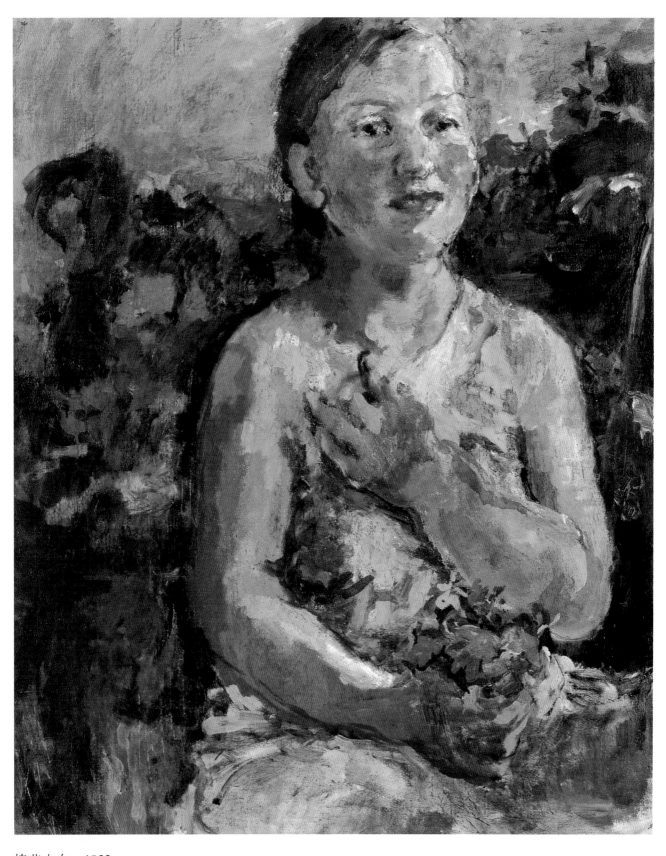

捧花少女　1932

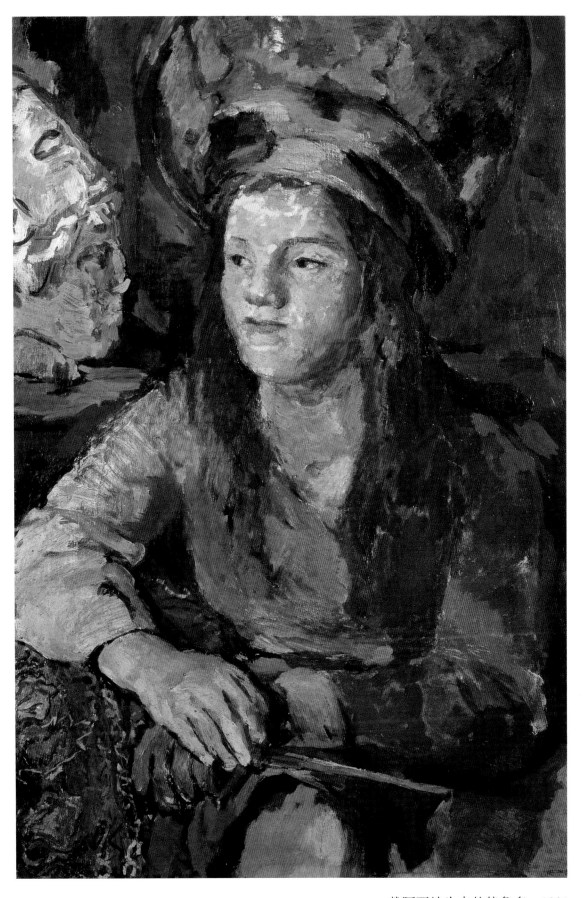

戴阿西纳头巾的特鲁多　1931

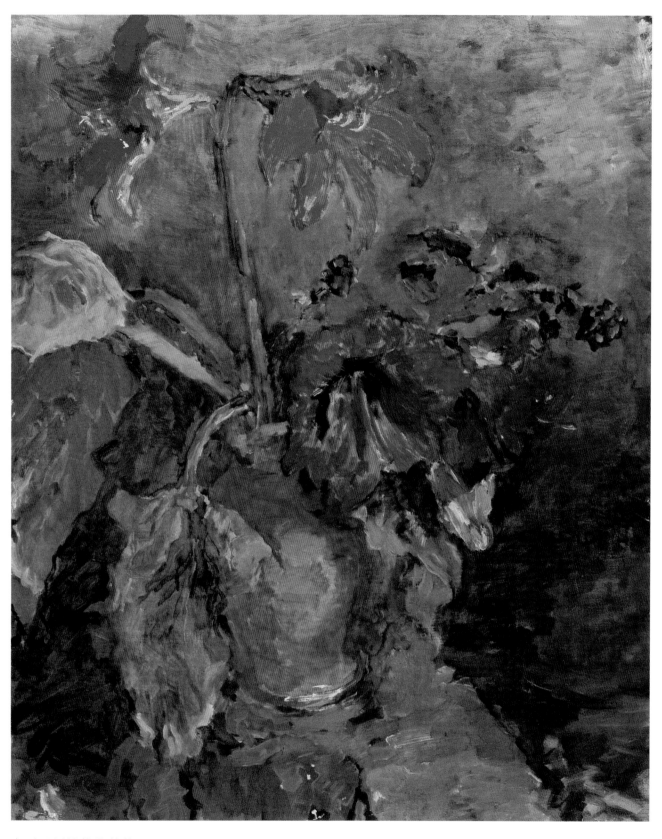

朱顶兰属植物的静物画　1934

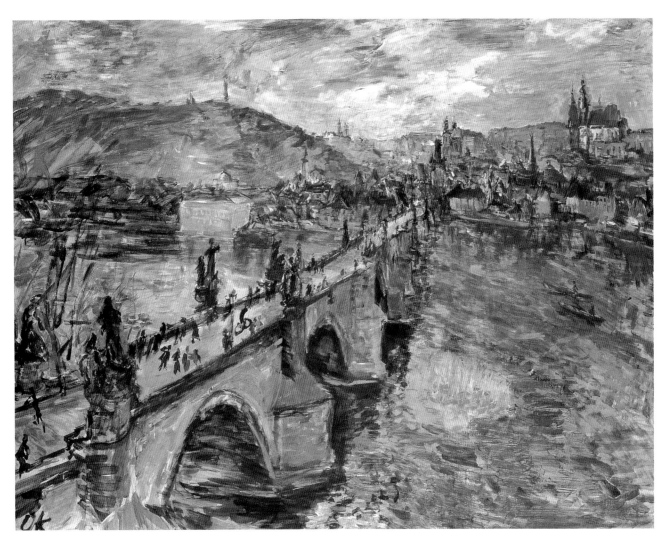

布拉格，克罗伊尔恩修道院的卡尔斯桥　1934

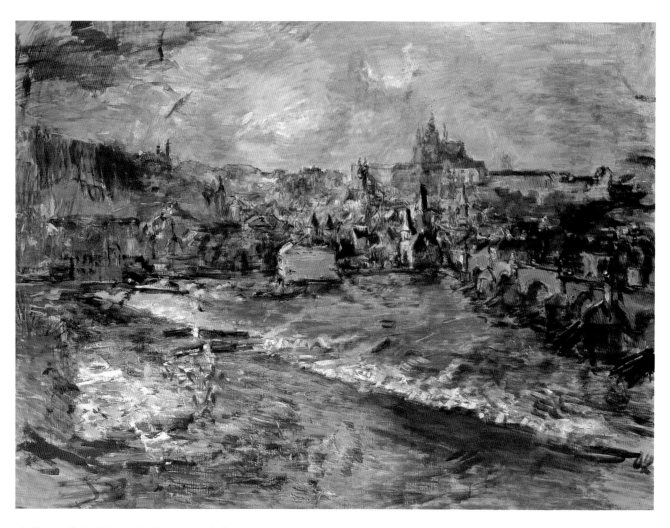

布拉格,莫尔道河河岸的水边和哈德士因　1936

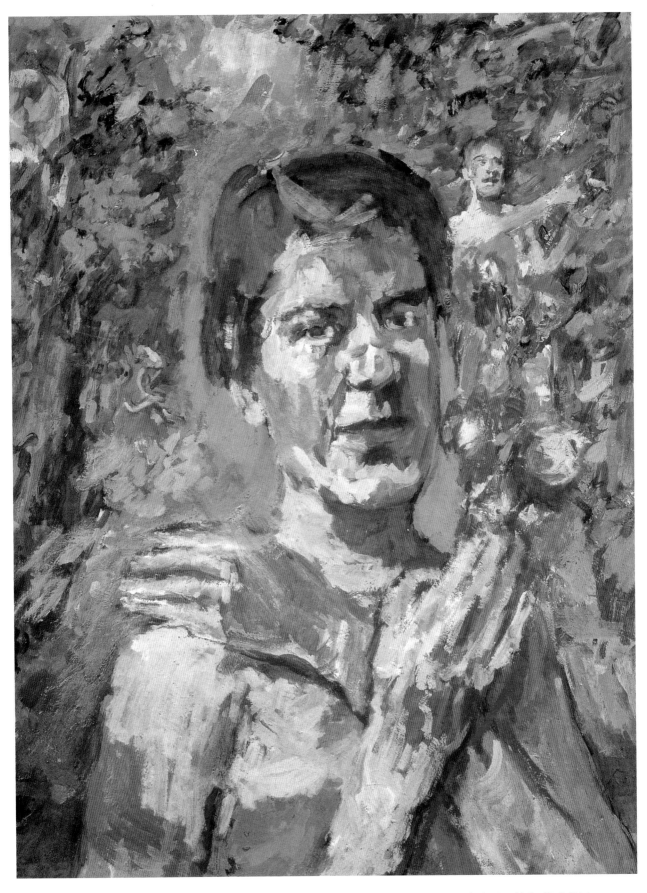

奥尔达·帕尔科夫斯卡 1937

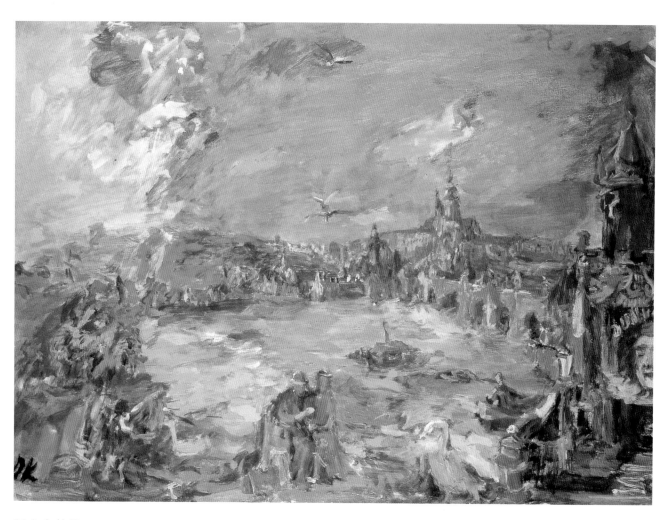

怀念布拉格　1938

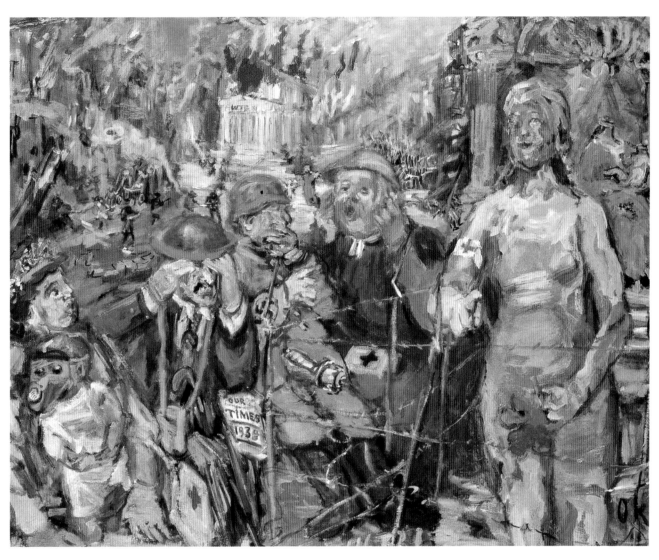

爱丽丝在沃特兰　1941‐/1942

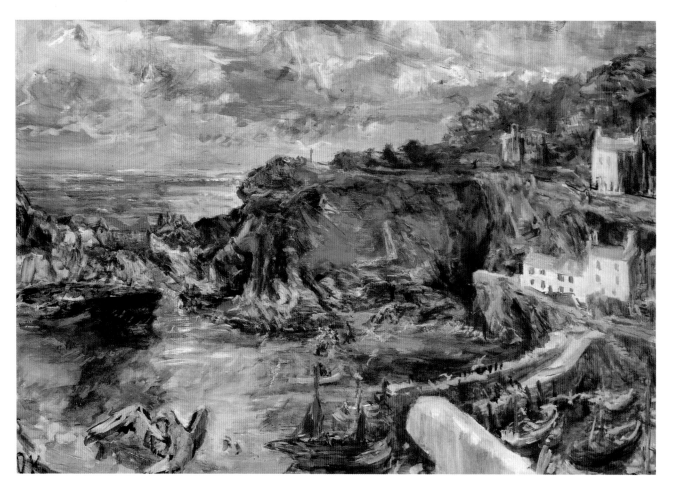

波尔佩罗之二　1939

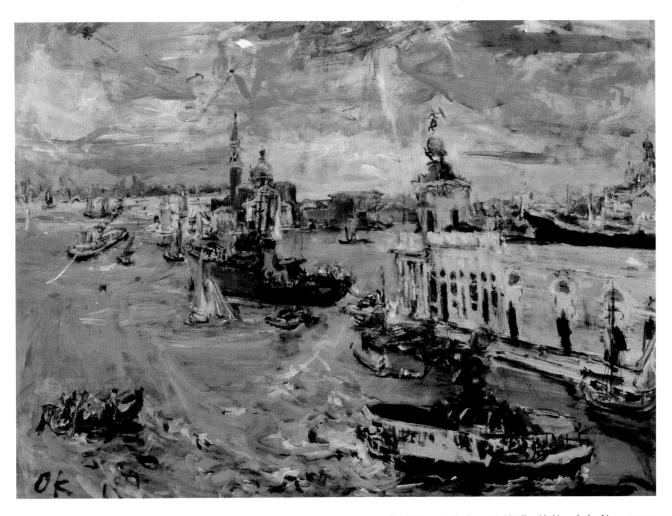

威尼斯,圣乔治上的篷塔·德拉·多加拉　1948

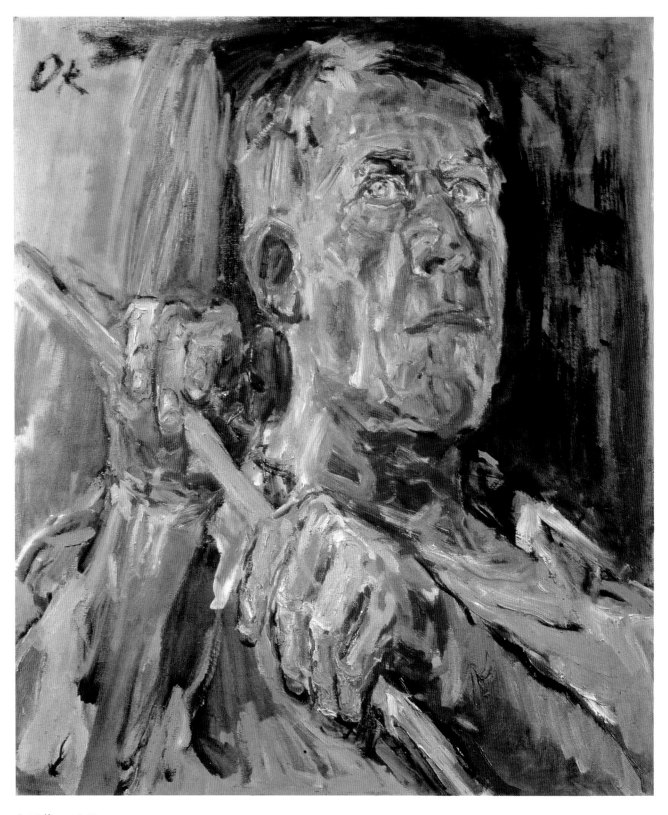

自画像　1948

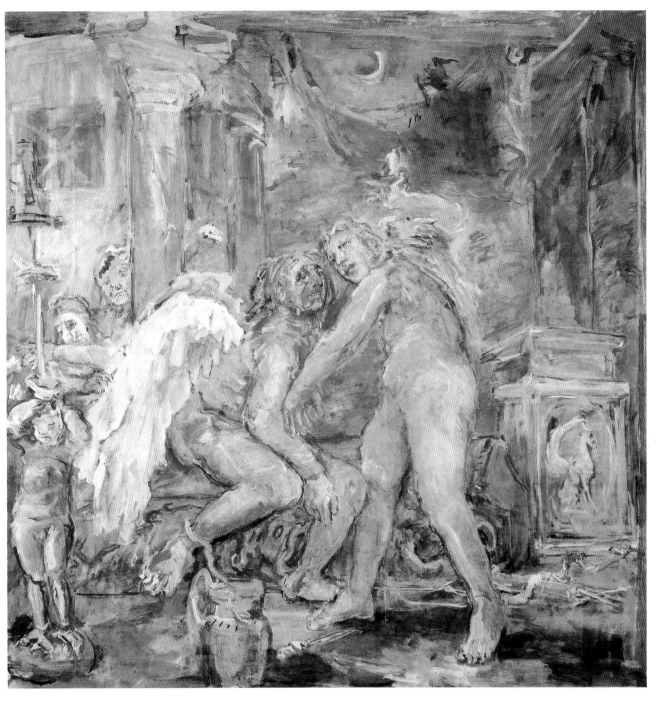

爱神和灵魂　1955

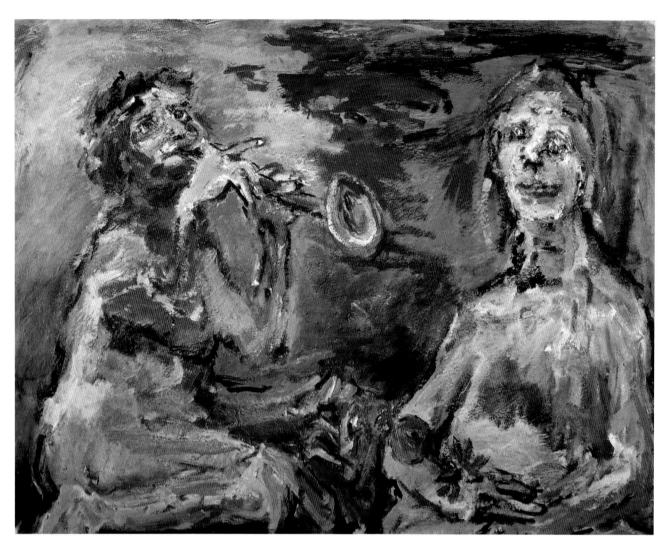

晨夕　1966

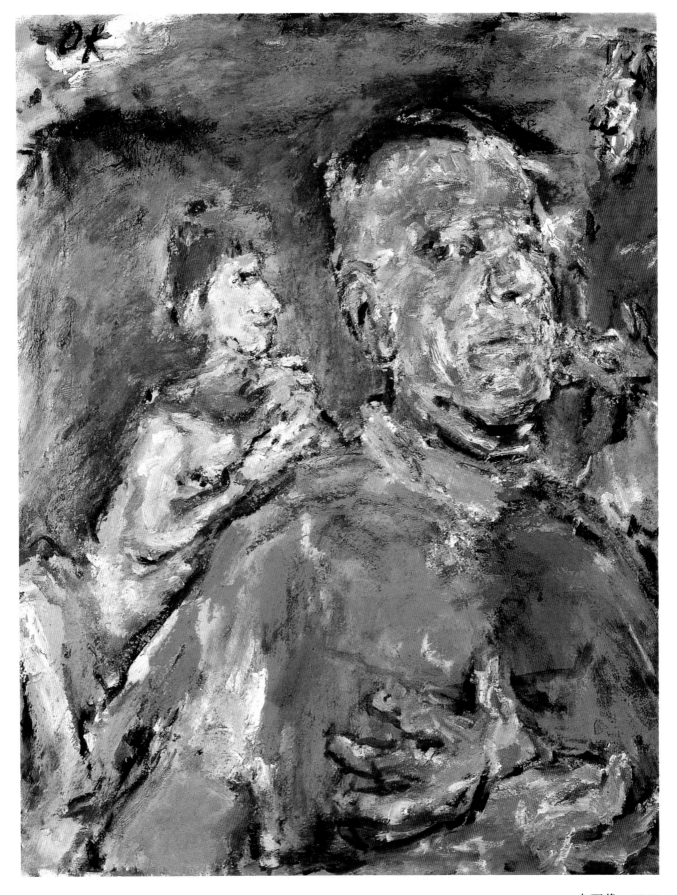

自画像　1969

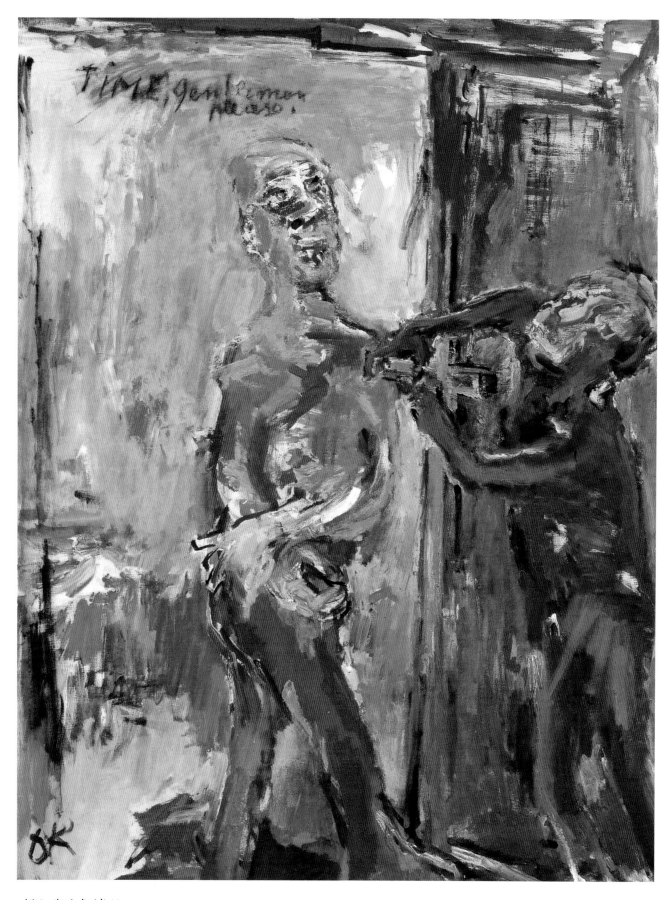

时间，先生们请吧　1971/1972